BEI GRIN MACHT SICH IHR
WISSEN BEZAHLT

- Wir veröffentlichen Ihre Hausarbeit,
  Bachelor- und Masterarbeit

- Ihr eigenes eBook und Buch -
  weltweit in allen wichtigen Shops

- Verdienen Sie an jedem Verkauf

Jetzt bei www.GRIN.com hochladen und kostenlos publizieren

Reporting als Anwendung eines Data-Warehouse-Systems

Max Reckenburg

Bibliografische Information der Deutschen Nationalbibliothek:

Die Deutsche Nationalbibliothek verzeichnet diese Publikation in der Deutschen Nationalbibliografie; detaillierte bibliografische Daten sind im Internet über http://dnb.d-nb.de abrufbar.

ISBN: 9783346901101
Dieses Buch ist auch als E-Book erhältlich.

Druck und Bindung: Books on Demand GmbH, Norderstedt Germany
Gedruckt auf säurefreiem Papier aus verantwortungsvollen Quellen

Das vorliegende Werk wurde sorgfältig erarbeitet. Dennoch übernehmen Autoren und Verlag für die Richtigkeit von Angaben, Hinweisen, Links und Ratschlägen sowie eventuelle Druckfehler keine Haftung.

Das Buch bei GRIN: https://www.grin.com/document/1368621

Wirtschaftsinformatik

Reporting als Anwendung eines Data Warehouse-Systems

Studienarbeit 2011

I. Inhaltsverzeichnis

1. Einleitung

„Zu den drei konventionellen Produktionsfaktoren Boden, Arbeit und Kapital wird immer häufiger die Information als vierte Säule hinzugenommen."[1] Die Informationsversorgung wird somit zunehmend zu einem Macht- und Wettbewerbsfaktor von Unternehmen.[2] Diese Studienarbeit zeigt auf, wie aus Unternehmensdaten unter Zuhilfenahme von Data Warehouse-Systemen wertvolle Informationen in Form von Reports gewonnen werden können.

Über kaum einen anderen Begriff wurde im Bereich der analyseorientierten Informationssysteme seit den 90er Jahren in der Häufigkeit diskutiert wie über den Begriff *Data Warehouse*.[3] Definitionen des Begriffes sowie angrenzender Begrifflichkeiten werden im Grundlagenkapitel 2 vorgenommen. Ebenfalls Bestandteil dieses Kapitels ist die Darlegung der idealtypischen Referenzarchitektur eines Data Warehouse-Systems.

„Der Nutzen eines Data Warehouses entsteht nicht in erster Linie durch die Speicherung, sondern vielmehr erst durch die zielgerichtete Aufarbeitung und Analyse der dort konsistent abgelegten Daten."[4] Die Aufarbeitung der Daten in Form von Reports ist Schwerpunkt dieser Studienarbeit und wird in Kapitel 3 behandelt. Hierzu werden Reporting-Systeme klassifiziert und es wird auf verschiedene Werkzeugarten eingegangen.

Kapitel 4 schließt die Studienarbeit mit einer Zusammenfassung der gewonnen Erkenntnisse ab und gibt einen Ausblick auf Trends im Bereich der Data Warehouse-Systeme.

---

[1] vgl. Bauer/Günzel (2009), S. 6.
[2] vgl. Behme/Mucksch (2001), S. 4-5; vgl. S. A7.
[3] vgl. Bauer/Günzel (2009), S. 5.
[4] Behme/Mucksch (2001), S. 23.

2. Grundlagen des Data Warehouse-Konzeptes

2.1 Definitionen der Begriffe Data Warehouse, Data Warehouse-System und Data Warehousing

In der Literatur wird an vielen Stellen auf die Definition des Vaters des Data Warehouses,[5] William H. Inmon, verwiesen: „A Data Warehouse is a subject oriented, integrated, non-volatile and time variant collection of data in support of management's decisions."[6] Demnach unterstützt das Data Warehouse das Management bei Entscheidungen durch eine Datensammlung, die die im Folgenden erläuterten Charakteristiken aufweist.

Themenorientierung (subject oriented)

Im Gegensatz zu operativen Systemen, die ausschließlich für die Steuerung und Überwachung des Tagesgeschäftes ausgelegt sind und damit die wertschöpfende Prozesskette unterstützen,[7] dienen dispositive Data Warehouse-Systeme dazu, den Entscheidungsträgern eines Unternehmens unter unterschiedlichen Dimensionen[8] relevante Informationen zur Verfügung zu stellen.[9] Beispiele der zu betrachtenden Dimensionen sind im Folgenden aufgelistet.[10]

- Unternehmensstruktur
  - Geschäftsbereiche
  - Organisationsstruktur
  - Rechtliche Einheiten

---

[5] vgl. Inmon (1996), hinterer Klappentext.
[6] Inmon (2005), S. 29.
[7] vgl. Kemper/Finger (2010), S. 160; Gluchowski/Gabriel/Dittmar (2008), S. 119.
[8] vgl. Glossar, S. III.
[9] vgl. Mucksch/Behme (2000), S. 10.
[10] vgl. Behme/Schimmelpfeng (1993), S. 7.

- Produktionsstruktur
  - Produktfamilie
  - Produktgruppe
  - Artikel

- Regionalstruktur
  - Land
  - Gebiet
  - Bezirk
  - Kunde

- Kundenstruktur

- Zeitstruktur
  - Monat
  - Quartal
  - Jahr
  - Geschäftsjahr

- Betriebswirtschaftliche Kenngrößen
  - Umsatz
  - Deckungsbeiträge
  - Gewinn

Wie Abbildung 1 zeigt, ist die Unterscheidung zwischen operativen und dispositiven Systemen nicht als Konflikt, sondern als Ergänzung zu verstehen.

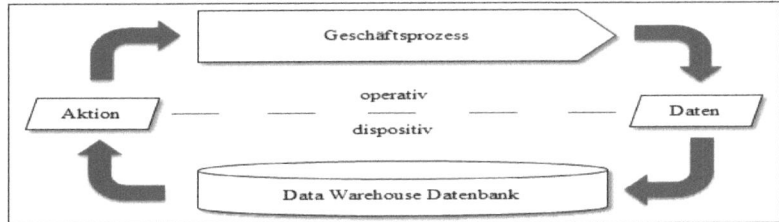

Abbildung 1: Prozessorientierte Sicht eines Data Warehouses[11]

Die Geschäftsprozesse sind durch die Unternehmensstrategie festgelegt und werden unter Zuhilfenahme von operativen Informationssystemen abgewickelt und gespeichert. Die daraus entstehenden Daten werden extrahiert, in die Datenbank des Data Warehouses überführt und können von da aus zusammen mit Daten weiterer operativer Informationssysteme Erkenntnisse liefern, die zu Veränderungen der Unternehmensstrategie und damit auch einzelner Geschäftsprozesse führen können.[12]

Integrierte Datenbasis (integrated)

Um einen konsistenten Datenbestand zu erreichen, müssen die Struktur und Formate der Daten vor der Speicherung im Data Warehouse im Zuge des sog. ETL-Prozesses[13] vereinheitlicht werden.[14] Die dahinterliegende Problematik stellt die folgende Grafik dar.

---

[11] in Anlehnung an Martin (1997), S. 223.
[12] vgl. Martin (1997), S. 222.
[13] vgl. Glossar, S. IV.
[14] vgl. Gluchowski/Gabriel/Dittmar (2008), S. 119; vgl. Mucksch/Behme (2000), S. 11.

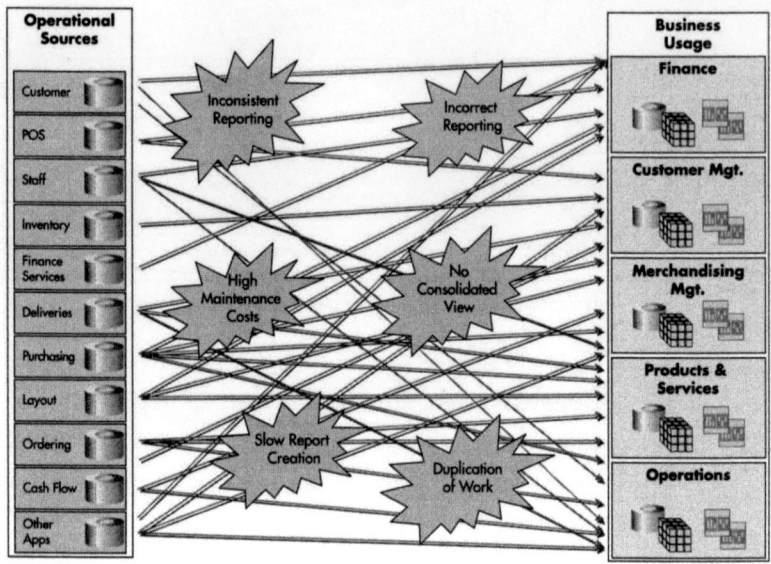

Abbildung 2: Beispiele für Probleme bei Nutzung unterschiedlicher Datensammlungen[15]

Hierzu im Folgenden einige konkrete Beispiele[16]

- Datenfelder identischer Daten können unterschiedlich benannt sein (Synonyme) oder unterschiedliche Datenfelder haben die gleiche Bezeichnung (Homonyme). Diese Inkonsistenzen müssen behoben werden und alle eindeutigen Bezeichnungen sind in einem sog. Meta-Informationssystem aufzunehmen.

- Es sind unterschiedliche Datenformate anzupassen. Zu achten ist insbesondere auf folgende Aspekte:

---

[15] in Anlehnung an Laberge (2011), S. 25.
[16] vgl. Mucksch/Behme (2000), S. 11-13 (sofern nicht anders angegeben).

o Abkürzungen und Ausprägungen wie z.B. „w" und „1" für „weiblich"; im internationalen Kontext auch „f" als zusätzliche Abkürzung.[17]

o Datumsfelder, die insbesondere im internationalen Kontext auf ihre Formate hin zu überprüfen und ggf. zu vereinheitlichen sind.

o Werteinheiten zur Größen- und Mengenbestimmung insbesondere dann, wenn die verwendete Werteinheit nicht dokumentiert worden ist. Als Meta-Daten werden Basiseinheiten sowie Umrechnungs-faktoren aufgenommen.

o Zur Wahrung der semantischen Integrität ist es unterstützend sinnvoll, Umsetzungstabellen bspw. für unterschiedliche Konten-rahmen oder Währungsumrechnungen anzulegen.

Nicht-flüchtige Datenbasis (non-volatile)
Die Volatilität bestimmt den Grad, mit dem sich Daten ändern. Für das Data Warehouse gilt, dass einmal übernommene Daten i.d.R. nicht mehr geändert werden. Eine Ausnahme besteht, wenn es während der Datenübernahme zu Fehlern gekommen ist oder nach der Datenübernahme Korrekturen in operativen Systemen vorgenommen worden sind. Aktualitätsänderungen werden jedoch erst im Zuge des nächsten Datentransfers berücksichtigt, so dass auf das Data Warehouse i.d.R. ausschließlich lesend zugegriffen werden muss.[18]

Historische Daten (time variant)
Damit Zeitvergleiche der Daten realisiert werden können, müssen diese über einen längeren Zeitraum gespeichert werden.[19]

---

[17] vgl. Laberge (2011), S. 24.
[18] vgl. Mucksch/Behme (2000), S. 13.
[19] vgl. Bauer/Günzel (2009), S. 8.

Mit der Klärung der Begrifflichkeit des Data Warehouses lässt sich die Definition eines Data Warehouse-Systems nach Stephan Schneider nachvollziehen: „Ein Data Warehouse-System (DWS) ist ein Informationssystem, das aus Applikationen und Datenbanken besteht, die das Data Warehouse nutzbar machen und alle für die Integration und Analyse notwendigen Komponenten beinhalten."[20] Das Reporting als eine solche Komponente resp. Anwendung eines Data Warehouse-Systems ist Schwerpunkt dieser Studienarbeit und wird vor allem in den Kapiteln - 12 - und **Fehler! Textmarke nicht definiert.** detaillierter dargestellt.

Der Vollständigkeit halber sei an dieser Stelle noch auf den Begriff Data Warehousing eingegangen. Er wird in der Literatur oft verwendet und „… umfasst alle Schritte des Datenbeschaffungsprozesses, das Speichern und Analysieren der Daten."[21]

---

[20] Schneider (2007), S. 381, mit abweichender Formatierung (Kursiv- und teils Fettdruck).
[21] Bauer/Günzel (2009), S. 566, mit abweichender Formatierung (Pfeildarstellungen).

2.2   Referenzarchitektur

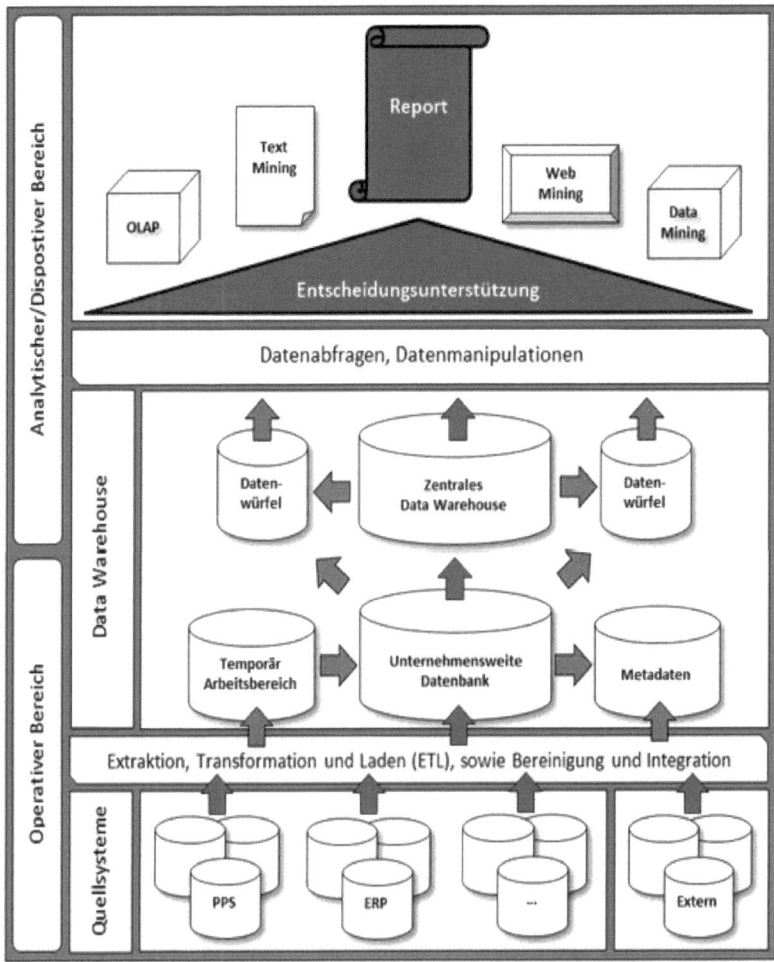

Abbildung 3: Idealtypische Referenzarchitektur eines Data Warehouse-Systems[22]

Abbildung 3 zeigt die idealtypische Referenzarchitektur eines Data Warehouse-Systems. Eine besondere Bedeutung kommt dem Data Warehouse als Bindeglied

---

[22] in Anlehnung an Schneider (2007), S. 383, modifizierte Darstellung.

zwischen der in Kapitel 2.1 erläuterten Unterteilung in einen operativen und einen analytischen resp. dispositiven Bereich zu.[23]

Das Data Warehouse besteht aus einer eher dem operativen Bereich zuzuordnenden unternehmensweiten Datenbank, einem zentralen Data Warehouse sowie einigen, dem analytischen Bereich zuzurechnenden Datenwürfeln, auch Data Marts genannt. Letztere ermöglichen durch eine Verteilung des Data Warehouse-Datenbestandes einen beschränkten Fokus auf das Unternehmen oder eine Abteilung.[24]

Die dem Data Warehouse hinzuzufügenden Daten haben ihren Ursprung in operativen Systemen, auch Online Transactional Processing (OLTP) Systeme genannt, wie bspw. Produktionsplanungs- und Steuerungssysteme sowie ERP-Systeme.[25] Aber auch die Daten externer Quellsysteme müssen integriert werden, sofern sie für Analysezwecke relevant sind.[26]

Da der Schwerpunkt dieser Studienarbeit auf dem Reporting als Anwendung eines Data Warehouse-Systems liegt, wird im Folgenden nicht näher auf die erläuterten Komponenten des Data Warehouse-Systems eingegangen, sondern die Betrachtung auf die in Abbildung 3 rot dargestellte Entscheidungsunterstützung beschränkt.

---

[23] vgl. Schneider (2007), S. 384-385.
[24] vgl. Bauer/Günzel (2009), S. 62; Schneider (2007), S. 385.
[25] vgl. Glossar, S. IV.
[26] vgl. Schneider (2007), S. 384.

3. Reporting als Anwendung

3.1 Anwendungen eines Data Warehouse-Systems

„Der Aufbau eines Data Warehouse ... dient nur einem Zweck: entscheidungsrelevante Informationen darzustellen und weiterzuverarbeiten."[27] Hierzu werden einige Anwenderwerkzeuge als Einzelanwendungen oder in Software-Suiten u.a. von Herstellern wie Oracle, IBM und SAP angeboten.[28] Sie werden auch als Analysewerkzeuge bezeichnet und gehören der Kategorie der „Business Intelligence"-Werkzeuge an.[29] Diese Studienarbeit beschränkt sich auf das Reporting, weitere Anwenderwerkzeuge sind der folgenden Abbildung zu entnehmen.

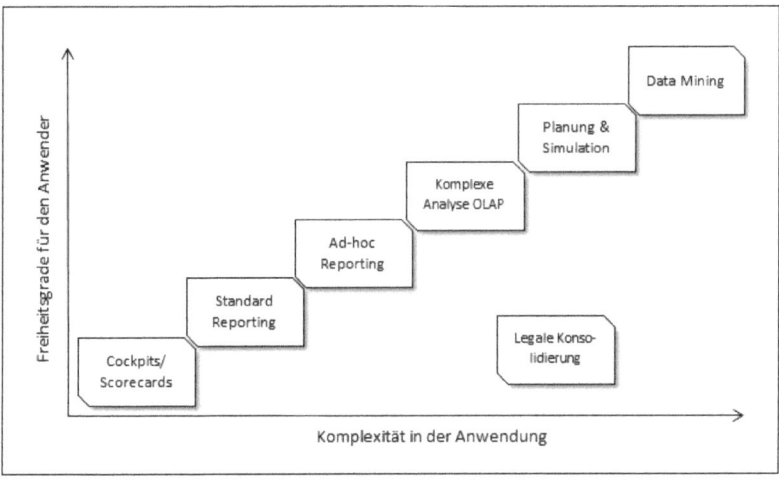

Abbildung 4: Beispiele für Anwenderwerkzeuge in Abhängigkeit von der Komplexität in der Anwendung und den Freiheitsgraden der Anwender[30]

---

[27] Bange (2010), S. 140.
[28] vgl. Bange (2010), S. 140-141.
[29] vgl. Jung/Winter (2000), S.11; zum Begriff „Business Intelligence" vgl. Glossar, S. IV.
[30] in Anlehnung an Bange (2010), S. 141.

3.2 Klassifizierung der Reporting-Systeme

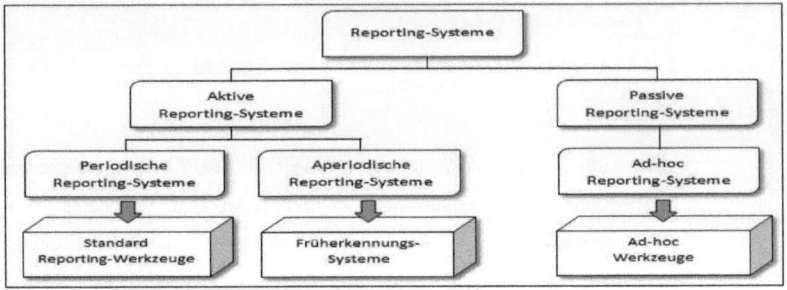

Abbildung 5: Klassifizierung der Reporting-Systeme[31]

Während aktive Reporting-Systeme dadurch gekennzeichnet sind, dass sie Reports nach einem festgelegten Muster selbstständig mit den jeweils aktuellen Daten aus der Data Warehouse-Datenbasis erstellen und an einen fest definierten Adressatenkreis verschicken, werden Reports bei den passiven Systemen erst nach Anforderung eines Benutzers generiert. IT-Kenntnisse vorausgesetzt haben diese Ad-hoc Reporting-Systeme den Vorteil, dass die Reports individuell zusammengestellt werden können.

Die aktiven Reporting-Systeme werden unterteilt in periodische und aperiodische Systeme. Während periodische Systeme, auch Standard Reporting-Systeme genannt, Reports ausschließlich in festen Zeitabständen erstellen, verschicken aperiodische Systeme auch bei Überschreitungen von Grenzwerten Reports und werden daher auch als Früherkennungssysteme bezeichnet.[32]

3.3 Reporting-Werkzeuge

Bei der Auswahl eines geeigneten Reporting-Werkzeuges ist zwischen zwei Anwendertypen zu unterscheiden. Auf der einen Seite gibt es eine Gruppe bestehend aus bspw. Unternehmensplanern und Controllern, die selbstständig im Datenbestand

---

[31] in Anlehnung an Gluchowski (1998), S. 1178.
[32] vgl. Kemper/Baars/Mehanna (2010), S. 126-127; Bange (2010), S. 144-145.

recherchieren und hierfür komplexe Tools benötigen, die hier nicht weiter betrachtet werden.

Auf der anderen Seite gibt es die sog. Informationskonsumenten, die die Mehrheit darstellen und die i.d.R keine Modifikationen der ermittelten Daten vornehmen.[33] Für sie gibt es Abfrage- und Berichtsgeneratoren, wobei sich Abfragegeneratoren aufgrund der Flexibilität bei der Suche nach Daten eher als ad-hoc Werkzeug und Berichtsgeneratoren aufgrund der ausgeprägten Formatierungsmöglichkeiten eher als Standard Reporting-Werkzeug einordnen lassen.[34]

Als Standard-Reporting-Werkzeuge sind unter anderem die folgenden Lösungen stark verbreitet[35]

- SAP BusinessObjects Crystal Reports
- IBM Cognos 8 BI Report Studio
- Oracle BI Publisher
- Microsoft SQL Server Reporting Services
- SAS Enterprise BI Server

Bekannte ad-hoc-Werkzeuge sind unter die Folgenden[36]

- Arcplan Enterprise
- IBM Cognos 8 BI Query Studio
- Information Builders WebFocus
- MicroStrategy
- LogiXML
- Oracle Answers
- SAP BusinessObjects WebIntelligence
- SAS Enterprise BI Server

[33] vgl. Gluchowksi (2010), S. 261.
[34] vgl. Gluchwoksi (2010), S. 267-271.
[35] vgl. Bange (2010), S. 145.
[36] vgl. Bange (2010), S. 147.

3.4 Anforderungen an Reporting-Werkzeuge

Um den im vorherigen Kapitel dargestellten Fokus auf zielgerichtete Informationen erreichen zu können, müssen Reporting-Werkzeuge fachbereichsunabhängig in der Lage sein, Daten auf eine qualitativ hohe, quantitativ jedoch niedrige Ebene zu transferieren.[37]

Weiterhin sollten Reporting-Werkzeuge über Möglichkeiten zur Festlegung von Kriterien verfügen, nach denen individuelle und zielgruppengerechte Reports erzeugt werden. Hierzu eignen sich Pivot-Tabellen[38] und Drag-and-Drop-Varianten, da sie nach kurzer Einweisung für alle Mitarbeiter bedienbar sind und individuell genutzt werden können.[39]

Eine weitere Anforderung besteht darin, dass das Werkzeug ohne Eingreifen eines Mitarbeiters Reports generiert und verschickt, so dass es auch als Frühwarnsystem einsetzbar ist.[40]

Im Vergleich mit der Klassifizierung der Reporting-Systeme aus Kapitel 3.2 zeigt sich, dass die Anforderungen nur durch Nutzung aller Systemarten gedeckt werden können. Während ad-hoc-Werkzeuge nicht in der Lage sind, aktiv zu reporten, aber benötigt werden, um individuelle Reports erstellen zu können, sind Standard-Werkzeuge und insbesondere Frühwarnsysteme zwar dafür prädestiniert Reports aktiv zu verschicken, können dafür aber auch keine individuellen Reports generieren.[41]

---

[37] vgl. S. A15.
[38] vgl. Glossar, S. V.
[39] vgl. S. A10.
[40] vgl. S. A11; vgl. S. A14.
[41] vgl. Kapitel 3.2, S. 6; vgl. dieses Kapitel.

4. Fazit und Ausblick

Diese Studienarbeit hat primär das Reporting als Anwendung eines Data Warehouse-Systems aufgezeigt. Das Data Warehousing hat bereits eine große Entwicklung hinter sich: „Data Warehousing is no longer a purely novel idea for study and experimentation."[42] Schon heute verfügen über 90 Prozent der multinationalen Unternehmen über Data Warehouses oder planen die Implementierung in naher Zukunft. Dieser Trend zum Mainstream wird dadurch unterstützt, dass Data Warehouse-Systeme zukünftig auch von Anwendern aus den Fachabteilungen bedienbar sein sollen.[43] Weiterhin werden Data Warehouse-Systeme dahingehend weiterentwickelt, dass die Integrierung von Multimedia-Daten wie Bildern, Videos und Audio-Material möglich sein wird.[44]

---

[42] Ponniah (2010), S. 46.
[43] vgl. Gehra (2005), S. 56-57; Ponniah (2010), S. 46.
[44] vgl. Ponniah (2010), S. 5.

Business Intelligence

Im Gegensatz zum Data Warehouse umfasst Business Intelligence auch die Verarbeitung des Wissensmanagements. Hierzu zählen insbesondere die Integration von Strategien, Prozessen, Anwendungen und Technologien sowie die Erzeugung von Wissen über Status, Potentiale und Perspektiven. Das Data Warehouse kann als Teil des Business Intelligence aufgefasst werden.[84]

Cognos

Cognos Express ist eine Software-Lösung von IBM für Planung, Analyse und Berichte in mittelständischen Unternehmen.[85]

Data Mining

Ermöglicht die Suche nach unbekannten Mustern oder Beziehungen in Daten und wird zur Hypothesengenerierung verwendet.[86]

Dimension

Eine Dimension ermöglicht die eindeutige Defintion einer Analysesicht eines Anwendungsbereiches.[87]

ERP-Systeme

Enterprise Resource Planning Systeme sind Softwarelösungen, die die Organisation von betrieblichen Ressourcen unterstützen. Bekannte Anbieter solcher Systeme sind SAP, Oracle und Postgre SQL.[88]

ETL-Prozesses

ETL-Prozess ist die Abkürzung für Extraktions-, Transformations- und Ladeprozess und beinhaltet u.a. die Transformation der Datenstruktur der Quellsysteme in die Datenstruktur des Data Warehouse-Systems.[89]

Hichert-Notation

HI-NOTATION ist eine EU-Marke und legt Regeln fest, wie ein Notationshandbuches angelegt werden sollte.[90]

i-GRasp

i-GRasp ist eine softwarebasierte Recruitment-Lösung von Careerportal B.V, einer Tochtergesellschaft der StepStone ASA.[91]

Pivot-Tabelle

Eine Pivot-Tabelle ist eine interaktive Übersichtstabelle zum Ordnen, Organisieren und Analysieren von Daten.[92]

Smart Metering

Smart Metering ist das Zählen von Strom und die Kontrolle dieser Daten über einen eigenen Onlinezugang zur Kostenkontrolle.[93]

---

[84] vgl. Bauer/Günzel (2009), S. 13-14.
[85] vgl. o. V. (2011).
[86] vgl. Bauer/Günzel (2009), S. 566.
[87] vgl. Bauer/Günzel (2009), S. 567.
[88] vgl. o. V. (2010).
[89] vgl. Behme/Mucksch (2001), S. 20; vgl. Gluchowski/Hahne/Neisius (2001), S. 194.
[90] vgl. o. V. (2011).
[91] vgl. o. V. (2005).
[92] vgl. Kolberg/Kolberg (2004), S. 201.
[93] vgl. o. V. (2011).

III. Quellenverzeichnis

Bange, C. (2010)

Werkzeuge für analytische Informationssysteme; in: Chamoni, P./Gluchowski, P. (Hrsg.), Analytische Informationssysteme, Berlin Heidelberg, S. 131-156.

Bauer, A./Günzel, H. (2009)

Data-Warehouse-Systeme: Architektur, Entwicklung, Anwendung, 3. Aufl., Heidelberg.

Behme, W./Mucksch, H. (2001)

Anwendungsgebiete einer Data Warehouse-gestützten Informationsversorgung; in: Behme, W./Mucksch, H. (Hrsg.), Data Warehouse-gestützte Anwendungen: Theorie und Praxiserfahrungen in verschiedenen Branchen, Wiesbaden, S. 3-32.

Behme, W./Schimmelpfeng, K. (1993)

Führungsinformationssysteme: Geschichtliche Entwicklung, Aufgaben und Leistungs-merkmale; in: Behme, W./Schimmelpfeng, K. (Hrsg.), Führungsinformationssysteme – Neue Entwicklungstendenzen im EDV-gestützten Berichtswesen, Wiesbaden, S. 3-16.

Gehra, B. (2005)

Früherkennung mit Business-Intelligence-Technologien: Anwendung und Wirtschaft-lichkeit der Nutzung operativer Datenbestände, 1. Aufl., Wiesbaden.

Gluchowski, P. (1998)

Werkzeuge zur Implementierung des betrieblichen Berichtswesens; in: WISU, 27. Jahrgang, Heft: 10, S. 1174-1188.

Gluchowski, P. (2010)

Techniken und Werkzeuge zur Unterstützung des betrieblichen Berichtswesens; in: Chamoni, P./Gluchowski, P. (Hrsg.), Analytische Informationssysteme, Berlin Heidelberg, S. 259-280.

Gluchowski, P./Gabriel, R./Dittmar, C. (2008)

Management Support Systeme und Business Intelligence: computergestützte Informationssysteme für Fach- und Führungskräfte, 2. Aufl., Berlin Heidelberg.

Gluchowski, P./Hahne, M./Neisius, P. (2001)

Aufbau Analytischer Informationssysteme für die Chemische Industrie; in: Behme, W./Mucksch, H. (Hrsg.), Data Warehouse-gestützte Anwendungen, Wiesbaden, S. 179-200.

Inmon, W. H. (1996)

Building the Data Warehouse, 2. Aufl., New York.

Inmon, W. H. (2005)

Building the Data Warehouse, 4. Aufl., Indianapolis.

Jung, R./Winter, R. (2000)

Data Warehousing: Nutzungsaspekte, Referenzarchitektur und Vorgehensmodell; in: Jung, R./Winter, R. (Hrsg.), Data Warehousing Strategie: Erfahrungen, Methoden, Visionen, Berlin Heidelberg, S. 3-20.

Kemper, H.-G./Baars, H./Mehanna, W. (2010)

Business Intelligence – Grundlagen und praktische Anwendungen: Eine Einführung in die IT-basierte Managementunterstützung, 3. Aufl., Wiesbaden.

Kemper, H.-G./Finger, R. (2010)

Datentransformation operativer Daten; in: Chamoni, P./Gluchowski, P. (Hrsg.), Analytische Informationssysteme, Berlin Heidelberg, S. 159-174.

Kolberg, M./Kolberg, E. (2004)

Excel 2003: Das kompakte Know- how zum perfekten Einsatz von Excel, 1. Aufl., Poing.

Laberge, R. (2011)

The Data Warehouse Mentor: Practical Data Warehouse and Business Intelligence Insights, 1. Aufl., New York.

Martin, W. (1997)

Data Mining zwischen Wunsch und Wirklichkeit – eine kritische Betrachtung; in: Scheer, A.-W. (Hrsg.), Organisationsstrukturen und Informationssysteme auf dem Prüfstand: 18. Saarbrücker Arbeitstagung 1997 für Industrie, Dienstleistung und Verwaltung, Heidelberg, S. 221-238.

Mucksch, H../Behme, W. (2000)

Das Data Warehouse-Konzept als Basis einer unternehmensweiten Informationslogistik; in: Mucksch, H../Behme, W. (Hrsg.), Das Data Warehouse-Konzept: Architektur, Datenmodelle, Anwendungen mit Erfahrungsberichten, Berlin Heidelberg, S. 3-80.

o. V. (2005)

StepStone kauft britischen Marktführer i-Grasp,

http://www.stepstone.de/Ueber-StepStone/presse/stepstone-kauft-britischen-marktfuehrer-i-grasp.cfm,

Stand: 26.07.2011.

o. V. (2010)

ERP Systeme Als Basis Unternehmerischer Tätigkeit,

http://www.erpsysteme.com/erp-systeme-als-basis-unternehmerischer-tatigkeit/,

Stand: 24.07.2011.

Ponniah, P. (2005)

Data Warehousing Fundamentals For IT Professionals, 2. Aufl., Hoboken New Jersey.

Schneider, S. (2007)

Konstruktion generischer Datenmodelle auf fachkonzeptioneller Ebene im betrieblichen Anwendungskontext: Methode und Studie, Aachen.